AF240148

CATALOGUE

DE

TABLEAUX

PRÉCIEUX.

PARIS.

IMPRIMERIE ET LITHOGRAPHIE DE MAULDE ET RENOU,

RUE BAILLEUL, 9 ET 11.

1850.

CATALOGUE

de la précieuse Collection

DE

TABLEAUX

de feu M. Frédéric KALKBRENNER,

DONT LA VENTE AURA LIEU

EN SON DOMICILE,

RUE SAINT-LAZARE, 38, CITÉ D'ORLÉANS,

Le Lundi 14 Janvier 1850,

à une heure,

Par le ministère de Me BONNEFONS DE LAVIALLE, Commissaire-Priseur à Paris,

RUE DE CHOISEUL, No 11,

Assisté de M. Ferdinand LANEUVILLE, Peintre-Expert,
44, rue Caumartin.

Exposition publique

Les Vendredi 11, Samedi 12 et Dimanche 13 Janvier, de midi à 4 heures.

PARIS.

IMPRIMERIE ET LITHOGRAPHIE DE MAULDE ET RENOU,
rue Bailleul, n. 9 et 11, près du Louvre.

1850.

CONDITIONS DE LA VENTE.

La vente est faite au comptant.

Les acquéreurs paieront cinq pour cent en sus des enchères applicables aux frais.

AVERTISSEMENT.

L'artiste éminent dont nous avons aujourd'hui à regretter la perte n'était pas un de ces hommes dont il est besoin de faire l'éloge ou la biographie ; chacun connaît cette brillante existence et ce talent hors ligne qui ont illustré le nom de Frédéric Kalkbrenner.

Le génie souple et fécond de M. Kalkbrenner se serait trouvé à l'étroit s'il s'était exclusivement renfermé dans les limites de l'art musical auquel il doit sa célébrité ; il eût été grand peintre s'il n'eût été grand musicien ; le goût passionné qu'il eut dès l'enfance pour la peinture et les œuvres des grands maîtres, put enfin être satisfait lorsque son admirable talent lui eut donné une fortune bien loyalement gagnée ; aidé de la pureté de goût et de la finesse de discernement qui le caractérisaient, il se fit une collection d'autant plus précieuse qu'elle était moins nombreuse, collection de chefs-d'œuvre rigoureusement fermée à toute médiocrité.

Nous nous abstiendrons de tout éloge des tableaux dont le catalogue suit : le nom de M. Kalkbrenner étant pour tout artiste et amateur une garantie plus que suffisante de leur authenticité et de leur mérite réel.

LE CATALOGUE SE DISTRIBUE,

A PARIS,

Chez le Commissaire-Priseur et l'Expert chargés de la vente.

A LONDRES,

Chez MM. CHISTIE et MANSON.

A BRUXELLES,

Chez M. NIEUWENHUYS.

A AMSTERDAM,

Chez M. DE VRIES jeune.

DÉSIGNATION

DES

TABLEAUX.

N° 1.

—

BACKHUYSEN (LUDOLF).

Mer agitée.

Toile. Haut. 47 cent., larg. 63 cent.

N° 2.

—

BERCK-HEYDE (GERRETS).

La place de la Cathédrale de Harlem.

TOILE. Haut. 51 cent., larg. 66 cent.

(Cabinet de feu CASIMIR PÉRIER.)
(Cabinet de M. PAUL PÉRIER.)

N° 3.

—

BOTH (JEAN).

Paysage.

CUIVRE. Haut. 36 cent., larg. 47 cent.

N° 4.

BREUGHEL (JEAN).

Deux pendants.

N° 5.

CUYP (ALBERT).

Halte de voyageurs.

CUIVRE. Haut. 45 cent., larg. 53 cent.

N° 6.

—

DYCK (ANTOINE VAN).

Portrait de femme.

TOILE. Haut. 55 cent., larg. 45 cent.

N° 7.

—

EECKOUT (G. VAN DEN). Signé.

Hermite en prière.

TOILE. Haut. 99 cent., larg. 85 cent.

N° 8.

—

GELÉE (CLAUDE, dit LE LORRAIN). Attribué à

Paysage.

PAPIER. Haut. 27 cent., larg. 37 cent.

N° 9.

—

INCONNU (MAITRE).

Une jeune fille appuyée sur une gerbe.

Nous croyons que cette délicieuse peinture est de l'École
anglaise.

TOILE. Haut. 54 cent., larg. 44 cent.

N° 10.

HERMAN (D'ITALIE).

Paysage.

TOILE. Haut. 28 cent., larg. 40 cent.

N° 11.

HOOCH (PIERRE DE).

Scène d'intérieur.

Ce tableau a été vendu 15,000 fr. par M. de la Hante.

TOILE. Haut. 75 cent., larg. 66 cent.

N° 12.

—

JARDIN (KAREL DU).

Paysage avec figures et bestiaux.

Bois. Haut. 32 cent., larg. 43 cent.

(Collection ÉRARD.)
(Cabinet de M. PAUL PÉRIER.)

N° 13.

—

MENGS (RAPHAEL).

Sainte Famille.

TOILE. Haut. cent., larg. cent.

N° 14.

—

MENGS (RAPHAEL).

Mater Dolorosa.

TOILE. Ovale.

—

N° 15.

—

MOYA (PHILIPPE).

Un chasseur et son chien.

TOILE. Haut. 89 cent., larg. 69 cent.

N° 16.

(NEER A. VAN DER).

Clair de lune.

Bois. Haut. 53 cent., larg. 68 cent.

N° 17.

NETSCHER (GASPARD).

Trois figures dans un intérieur.

Toile. Haut. 83 cent., larg. 70 cent.

N° 18.

NETSCHER (CONSTANTIN).

Portrait de femme.

TOILE. Haut.   cent., larg.   cent.

N° 19.

OSTADE (ADRIEN VAN).

Intérieur rustique.

BOIS. Haut. 37 cent., larg. 31 cent.

N° 20.

—

POTTER (PAUL).

Riche pâturage.

Bois. Haut. 36 cent., larg. 45 cent.

(Collection du duc de CARAMAN.)

N° 21.

—

REMBRANDT (PAUL) VAN RHYN. Signé et daté.

Portrait d'homme.

Bois. Haut. 71 cent., larg. 55 cent.

N° 22.

REMBRANDT (PAUL) VAN RHYN. Signé et daté 1635.

Portrait de femme.

Bois. Ovale.

N° 23.

RUBENS (PIERRE-PAUL).

Figure allégorique.
Hygie nourrit Esculape sous la forme d'un serpent.

Bois. Haut. 1 m. 5 cent., larg. 74 cent.

(Cabinet de M. PAUL PÉRIER.).

N° 24.

—

RUYSDAEL (SALOMON).

Paysage maritime.

Bois. Haut. 39 cent., larg. 56 cent.

N° 25.

—

SART (C. DU).

Réunion de paysans à la porte d'une chaumière.

Toile. Haut.   cent., larg.   cent.

N° 26.

—

SCHALKEN (GODE ROY).

Intérieur d'une cuisine hollandaise.

Bois. Haut. 41 cent., larg. 34 cent.

(Collection de l'ÉLYSÉE.)

—

N° 27.

—

TÉNIERS (DAVID).

Repos de la Sainte Famille.

Cuivre. Haut.   cent., larg.   cent.

N° 28.

—

VER BOOM (A.-H.) ET ASSELYN.

Forêt.

Toile. Haut.   cent., larg.   cent.

———

N° 29.

—

WOUWERMANS (PHILIPPE).

Un camp.

Composition capitale digne de rivaliser avec l'Espion
de la collection Perregaux.

Il est gravé dans l'œuvre de Ph. Wouwermans.

Toile. Haut. 51 cent., larg. 66 cent.

Nº 30.

—

WOUWERMANS (PHILIPPE).

Chasse au lièvre.

Bois. Haut. 32 cen., larg. 37 cent.

2665   IMPRIMERIE MAULDE ET RENOU,
Rue Bailleul, 9 et 11.